1

El coleccionista de palabras

DE CUENTO

PEPEPÉREZ

El coleccionista de palabras

Almuzara **educativa**
2006

Almuzara **educativa**
Colección De cuento
El coleccionista de palabras

Editorial Almuzara quiere agradecer la colaboración prestada para la edición de este libro al programa *La Banda* de Canal Sur Televisión.

Diseño y preimpresión: Talenbook
Imprime: Taller de Libros

I.S.B.N. 84-88586-78-7
Depósito Legal: CO-658-06

Editorial Almuzara
Tlf. 00 34 957 768 787
Fax. 00 34 957 322 185
www.editorialalmuzara.com –info@editorialalmuzara.com

Hecho e impreso en España
Made and printed in Spain

A Víctor y a Gabi por haber
confiado en mis proyectos.

Y, sobre todo, a mi hijo Lorenzo,
que, con la brillantez de su sonrisa,
me ilumina el día a día.

AGRADECIMIENTOS I

Un día decidí coleccionar palabras y, como vi que entre mi amigo Aurelio y yo no llegaríamos muy lejos, pedimos ayuda a través de la pequeña pantalla y en un pequeño espacio de La Banda de Canal Sur Televisión solicitamos esa ayuda a sus socios y comenzó el aluvión de correos cargados de palabras. Con todas las palabras recibidas hemos creado más de cien cuentos, los que se recogen en este libro son sólo una muestra de ellos. Gracias a todos los que nos habéis mandado palabras desde todos los rincones de Andalucía, incluso algunas palabras nos han llegado de fuera de nuestra autonomía. Gracias a:

Ignacio, Lorenzo, Didac, Paula, María, Adrián, Marta, Inés, Fernando, Marina, Javi, Boni, Amparo, Lola, Luis, Miguel, Erim, Mario, Pablo, Daniel, Isabel, Santiago, Gabriel, Rocío, Claudia, Alba, Alba del Rocío, Luna, Conchita, Fede, José Antonio, Juan Antonio, Javier, Mª Ángeles, Anne, Violeta, Antonio Luis, Julia, Guillermo, , Manuel, Alejandro, Julio, Juana, José Juan, Rosa, Miguel Ángel, Caridad, Jesús, Pablito, David, José, Ricardo, Pilar, Paloma, Héctor, Verónica, Amanda, Lucía, Eva, Aram, Lorena, Sole, Justo, Andrés, Ismael, Isaac, Esmeralda, Antoñita, Nazaret, Felipe, Pedro Liberto, Santi, Laura, Carmela, Marcos, Paqui, Susana, Sebastián, Luisa, Mercedes, Carlos, Olga, Macarena, Luis Felipe, Triana, Álvaro, Pedro, Paco, Teresa, Marisa, Alicia, Dalia, Nacho, Tomás, Antonio Jaime, Alberto, Belén, Ezequiel, Jorge, Sergio, Carmina, Juan, Catalina, Noemí, Fabio, Manuel y tantos otros que nos mandaron sus mensajes desde:

El hospital Carlos Haya de Málaga, el Hospital Virgen del Rocío de Sevilla, Vilamartín, Mairena del Alcor, Elche, Málaga, Carboneras, El Ejido, Jaén, Cádiz, Algeciras, Ceuta, Bilbao, Granada, Ecija,

Jerez de la Frontera, Dílar, Casabermeja, Villanueva de San Juán, Huelva, Pozoblanco, Córdoba, Tomares, Ronda, Alcalá de Guadaíra, Ibros, Adra, Padul, Baena, Montilla, Vélez-Málaga, Macael, Lepe, Almogía, Mérida, Camas, Dos Hermanas, Huétor Vega, Viso del Alcor, Fuente Palmera, Castellar, Salteras, Segura de la Sierra, Mazagón, Arahal, La Garrucha, Sanlúcar de Barrameda, Bormujos, Espartinas, Alhaurín de la Torre, Constantina, Vejer de la Frontera, Montoro, Prado del Rey, Tarifa, Badajoz, San Fernando, Almería, Minas de Riotinto, Albolote, Jimena de la Frontera, Almuñécar, Linares, El Rompido, Campanillas, Zahara de los Atunes, San Nicolás del Puerto, Vera, Arcos de la Frontera, Junta de los Ríos, Silos, Islantilla, Antequera, Cúllar Vega, Punta Umbría, Baena, Chiclana, Cala del Moral, Yecla, Mairena del Aljarafe, Benaocaz, Matalascañas, Castril, Valverde del Camino... y si seguimos sería interminable.

Gracias a todos y todas, sin vosotros esto no hubiera sido posible, pero esto no queda aquí, espero que sigáis mandándome palabras para que nuestra colección sea la más grande del mundo.

También a Canal Sur Televisión y a su programa La Banda por haber confiado en este proyecto y haberlo realizado con todos los problemas que esto conlleva.

Y al Área de Educación del Excmo. Ayuntamiento de Sevilla.

Y, sobre todo, a Gianni Rodari, pedagogo y escritor italiano, que me hizo descubrir un día el placer de jugar con las palabras y los cuentos.

El coleccionista de palabras II

Hola amigos.

Me llamo Pepepérez y soy contador de historias. Como adivinaréis para contar historias necesito tener un buen almacén de palabras y con ellas crear nuevos cuentos. Por eso, desde hace unos años me dedico a recoger las palabras que me voy encontrando por el camino. A veces las escucho en el autobús, en el metro, en la frutería o en el supermercado. Otras las recojo en el campo debajo de una seta o en una nube mientras viajo en avión. También pueden aparecer dentro de un sombrero o en el susurro de un abuelo. Las iba guardando en una caja hasta que un día decidí convertirme en Coleccionista de Palabras, la verdad que me lo recomendó un amigo mío que se llama Aurelio.

Aurelio es un lápiz muy listo, porque lleva muchos años dedicándose a esto de las palabras, él me asesora y me ayuda en la dura tarea de clasificación, ya que sólo coleccionamos las palabras que nos parecen diferentes, especiales y sorprendentes.

Pero qué les ocurre a los coleccionistas, pues que nunca están contentos con la colección que tienen y quieren más. Eso nos pasó a nosotros, agravado con que ya habíamos utilizado todas las palabras de la colección para los cuentos que me inventaba con ellos e iba a tener que dejar de contar historias nuevas.

En eso estaba cuando conocí a los chicos de La Banda de Canal Sur Televisión. Les conté mi problema y ellos me dijeron que por qué no le pedía ayuda a los amigos y amigas de su programa. Eso hicimos y la respuesta fue maravillosa, actualmente tengo palabras para estar durante muchos años creando cuentos nuevos.

Después de tres temporadas con el programa, hemos decidido recoger en este libro algunos de los cuentos que han surgido gracias a la ayuda inestimable de los chicos y chicas andaluces. Al principio de cada cuento pondremos las palabras que utilizamos en su día para inventarlos. Además de los cuentos vamos a añadir algunos de los enigmas y palabras misteriosas que nos habéis mandado y que gracias a vosotros y vosotras hemos conseguido resolver y conocer, ya que ni Aurelio ni yo fuimos capaces de solucionarlos en su momento.

Esperamos que os gusten y que sigáis colaborando para que las historias sigan navegando a través de las ondas.

Aurelio y Pepepérez os mandan besos con sabor a «Érase una vez...». Que seáis felices.

TIPOS DE PALABRAS III

Para quien no haya visto el programa, explico qué tipo de palabras son las que pedimos que nos envíen por correo electrónico.

MONOVOCÁLICAS: Son aquellas palabras que tienen sólo una vocal repetida varias veces. Por ejemplo: BANDA, PESEBRE o CHIRIMIRI.

PANVOCÁLICAS: Son aquellas palabras que contienen un solo ejemplar de cada una de las cinco vocales. Por ejemplo: AURELIO o EUFORIA.

MUY LAAAAARGAS: Consideramos muy largas aquellas palabras que tienen más de doce letras. Por ejemplo: ESTERNOCLEIDOMASTOIDEO (22).

PALÍNDROMO: Es una palabra o frase que permite leer lo mismo en los dos sentidos de la lectura. Por ejemplo: ADÁN NO CALLA CON NADA.

BIFRONTE: Es una palabra o frase que permite los dos sentidos de lectura. Por ejemplo: ROMA/AMOR.

SENTIMIENTO: Palabras que por sí solas expresan un sentimiento humano. Por ejemplo: CORAZÓN.

DULCES: Palabra que nos pueden endulzar la vida nada más escucharla. Por ejemplo: PASTEL.

INFORMÁTICA: Esas palabras de nuevo uso que ya forman parte de nuestra charla coloquial. Por ejemplo: E-MAIL o RATÓN.

SUAVES: Palabras delicadas agradables de escuchar. Por ejemplo: ALGODÓN.

TERRORÍFICAS: Son esas palabras que hacen que se nos pongan los pelos de punta nada más escucharlas. Por ejemplo: CALAVERA.

DE CUENTO: Palabras que al escucharlas recuerdan algún cuento. Por ejemplo: CAPERUCITA.

RÁPIDAS/LENTAS: Palabras que nos aceleran o nos ralentizan. Por ejemplo: LIEBRE o TORTUGA.

CALIENTES/FRÍAS: Ellas nos hacen titiritar o sudar. Por ejemplo: PINGÜINO o BUFANDA.

CELESTIALES: Son palabras que nos elevan hasta las alturas. Por ejemplo: ÁNGEL.

GEMELAS: Palabra en plural pero que nombra algo que es doble. Por ejemplo: PRISMÁTICOS.

ONOMATOPÉYICAS: Es la imitación del sonido de una cosa en el vocablo que se forma para significarla. Por ejemplo: QUIQUIRIQUÍ.

CALAMBUR: Es un juego de palabras provocado al hacer un cambio ortográfico en una o más palabras. Por ejemplo: ESCOJA ES-COJA

Los cuentos del
coleccionista de palabras

VISITA NOCTURNA A LA NECRÓPOLIS ROMANA 1

Estaban haciendo unas excavaciones para construir un aparcamiento, cuando descubrieron una necrópolis romana. Esa misma tarde me reuní con mi banda y decidimos que por la noche iríamos a echar un vistazo.

Aquella noche, aprovechando un descuido del vigilante entramos en la excavación.

Aunque llevábamos linternas, todo estaba muy oscuro. Había muchos pasadizos y decidimos que los miraríamos todos.

Llevábamos varios recorridos cuando, de repente y sin previo aviso salieron cientos de murciélagos. Del susto me caí y me rompí un hueso de la mano. Tutti me dijo que aguantara y que no gritara para no alertar al vigilante. Las lágrimas me caían por el rostro, pero yo aguanté. En esto que Pablo se encontró una lámpara de aceite, como la de Aladino.

-¡Frótala! –dijo Felipe.

-Eso, a ver si aparece un genio –comentó Tutti.

Pablo frotó la lámpara, todos nos quedamos expectantes, y no os lo vais a creer... ¿a qué no sabéis que apareció delante nuestra?... ¿Tú te lo imaginas (Aurelio)?... ¿Un genio o un hada?...

Pues no, lo que apareció delante nuestra fue el vigilante con cara de muy pocos amigos. Nos echó y además nos amenazó con meternos en la cárcel si nos volvía a coger.

Nada más salir tuvimos que ir a urgencias, donde me pusieron una escayola porque me había roto un metacarpiano de la mano, y os juro por Pepepérez, que soy yo, que cómo duele romperse ese dichoso hueso.

Y cuento contado es cuento acabado.

- MUY LARGAS: (12) aparcamiento, metacarpiano...
- MONOVOCÁLICAS: pepepérez, la banda...
- MÁGICA/MONOVOCÁLICA: lámpara.
- PANVOCÁLICA/TERROR: murciélago

El meteorito 2

Hubo una vez un rey que enviudó nada más nacer su hijo. No había pasado un año, cuando aquel rey volvió a casarse con una mujer malvada, envidiosa y con ansias de poder, para la que su hijastro, el príncipe, era un estorbo. Desde muy pequeño la reina madrastra le hizo la vida imposible y el príncipe creció en un infierno.

Pasaron los años y el príncipe ya era todo un mozalbete tímido, infeliz e incapaz de llevarle la contraria a su madrastra. Un día, la reina decidió deshacerse de su hijastro y le ordenó a uno de sus sirvientes más fieles, que se llevara al príncipe al bosque y que acabara con su vida.

El sirviente la obedeció y ya iba a cumplir su encargo, cuando, de repente, cayó del cielo un meteorito y sobre quién creéis que fue a caer... sobre el príncipe y lo dejó sepultado. El sirviente pensó que se había ahorrado la desagradable misión que le habían encomendado y se marchó.

Pero aquel meteorito no mató al príncipe, sino todo lo contrario, aquella piedra llegó cargada de energía espaciocelestial, y le dio al príncipe la fuerza y la serenidad de la tortuga, por lo que pudo levantar la piedra sin ningún esfuerzo, también le dio la astucia del zorro y la sabiduría del búho. Sólo tuvo un efecto secundario aquel fenómeno espaciocelestial, y es que al príncipe le quedó un ¡Yiiip-Yiiip!, un poco desagradable, al hablar.

El príncipe llegó al castillo y entró directamente al salón real donde estaba la reina, su madrastra, reunida con el sirviente que había intentado matarlo. Los dos se quedaron sorprendidos y boquiabiertos. En esto que también entraron el rey y sus consejeros...

-¡Yiiip-yiiip! Hola madre, cuántas ganas tenía ¡yiiip-yiiip! de hacer esto... –y el príncipe le dio un beso a la reina.

Al rey se le saltaron las lágrimas y a la reina se le borraron todas las palabras de la mente, la cara se le cambió y le entraba un color y le salía otro.

-Madre, yo también te quiero ¡Yiiip-yiip!... –y volvió a abrazarla y besarla.

La reina no pudo resistirlo y por primera vez en su vida se puso a llorar. Su corazón se le rompió, la maldad que encerraba desapareció y desde aquel día se portó como una madre y como una reina, justa y cariñosa.

Para celebrarlo organizaron una fiesta donde homenajearon al meteorito que había caído del cielo y había cambiado la vida del reino. La vida del príncipe pasó de ser un infierno a ser un paraíso.

Y colorín ¡Yiiip-yiiip!... colorete, creo que se me ha pegado lo del princesete.

- ONOMATOPÉYICA: ¡yiiiip-yiiiip!
- RÁPIDA: meteorito
- LENTA: tortuga
- DE CUENTO: madrastra
- CELESTIAL: infierno
- MONOVOCÁLICA: malvada

- PIRATAS: abordaje, mapa
- SENTIMIENTO: timidez
- IMBORRABLE: recuerdo
- CALIENTE: lorenzo, sol, parrilla, fragua

LORENZO «EL RESPLANDECIENTE» 3

Hubo una vez un pirata temido en los siete mares, llamado Lorenzo «el resplandeciente».

Cuando había un abordaje, era el primero en saltar al barco abordado y luchar hasta conseguir su propósito. Pero lo cortés no quita lo valiente y Lorenzo era todo un caballero y trataba a sus prisioneros con justicia, respeto y cortesía, ya fuera mujer u hombre.

Lo llamaban «El brillante» porque siempre iba tan reluciente que deslumbraba al mismísimo sol, incluso después de un abordaje.

Pero aquel intrépido pirata era tremendamente tímido y tenía muchos recuerdos imborrables. Esto lo tenía tan en secreto que no se lo había contado ni a su mejor amigo. También tenía el mapa de su tesoro muy bien guardado debajo de la fragua de la herrería del puerto marinero donde siempre se refugiaba.

Pero un día, Lorenzo, fue capturado por la «flecha del amor», pero, como ocurre muchas veces, aquél era un amor imposible. Ella era la hija de su peor enemigo, un gobernador español que se la tenía sentenciada.

Lorenzo, desde el día que la vio por primera vez, no pudo dormir sin pensar en ella, perdió el apetito e incluso se le quitaron las ganas de pelear.

Una noche, venciendo su timidez, se presentó en la habitación de su amada y le contó lo que sentía por ella. Ella le dijo que también había sido herida por la misma flecha, pero que su padre no la dejaría casarse con él.

-¡Vámonos juntos! –le propuso el pirata.

Ella aceptó... Pero justo cuando iban a escapar... fueron sorprendidos por los soldados del gobernador, lo atraparon y lo encerraron.

Al día siguiente prepararon una enorme parrilla para quemarlo públicamente en mitad de la plaza de la ciudad.

Pero aquel asado no pudo verse, porque la chica liberó a su amado, los dos escaparon y aún hoy día los están buscando.

Cuenta la leyenda, que Lorenzo «el resplandeciente» repartió su tesoro entre los más necesitados y entre su tripulación a las que convenció para que dejaran la piratería.

Y colorín colorete aquí acaba la historia del resplandeciente.

- PALÍNDROMO/MONOVOCÁLICA: arañara
- BIFRONTE/MONOVOCÁLICA: atrás, sarta
- BLANDA: colchón
- PESADA: mosca

EL NIÑO MENTIROSO 4

Había una vez un niño que vivía con sus abuelos en el campo. Aquel niño decía una tras otra, una sarta de mentiras, decía tantas que ni la gente ni su propia familia lo creía cuando decía la verdad.

Una noche ocurrió que nada más tumbarse en su colchón de plumas, vio cómo una mosca caía en una telaraña. Observó cómo la araña avanzaba por la tela y atrapaba al insecto. La araña, después de cubrir bien a su presa, comenzó a bajar desde el *techo* hacia la cama. Él creía que las arañas arañaban y no quería que ésta lo arañara, así que se puso a gritar muy asustado:

-¡Atrás insecto malévolo!

Como la araña seguía acercándose gritó llamando a sus abuelos:

-¡Socorro! Que me quiere arañar la araña.

Pero nadie acudió en su auxilio.

El niño se tapó con la sábana, entonces fue cuando ocurrió lo peor... el colchón comenzó a tragárselo...

-¡S.O.S.! ... –fue lo único que pudo decir.

El niño paso a otro mundo, donde se encontró una mosca con patas de araña, un perro de tres cabezas, un bolígrafo que se negaba a hacer los deberes y muchas más cosas increíbles y sorprendentes. Bueno serían increíbles y sorprendentes para nosotros, pero no para aquel niño porque todas aquellas cosas le eran muy familiares, pues todas y cada una de ellas las había inventado él mismo. En un principio se sintió bien, como en su propia casa, pero le cambió la cara cuando vio que todos aquellos seres imaginarios comenzaban a rodearle con cara de pocos amigos...

-¡Aaaaah!

Justo en el momento que lo iban a atrapar, sintió un abrazo de seguridad. Abrió los ojos y eran sus abuelos los que le abrazaban y lo consolaban.

A partir de aquella noche, nadie sabe muy bien por qué, aquel chico dejo de mentir.

Y colorado colorín desde un cómodo colchón hemos llegado al FIN.

- **BIFRONTE:** arroz, zorra
- **PALÍNDROMO:** dábale arroz a la zorra el abad, la ruta natural, isaac no ronca así

FIN DE SEMANA EN EL MONASTERIO 5

Aquel fin de semana, mi amigo Isaac y yo decidimos pasarlo en un monasterio. Cuando llegamos nos encontramos que era un lugar algo sombrío y, como la mayoría de los monasterios, muy silencioso. Después de acomodarnos decidimos investigar por el lugar, pero lo hicimos por separado y así, luego, podríamos ir juntos a los rincones que más nos hubieran gustado.

No pasó mucho tiempo de nuestra separación, cuando llegó corriendo Isaac, venia muy excitado y sin parar de decir:

- ¡DÁBALE ARROZ A LA ZORRA EL ABAD!

Lo tranquilicé diciéndole que seguro que había visto visiones. Esa noche nos acostamos sin cenar porque estábamos muy cansados.

Acababa de conciliar el sueño, cuando cerca de mí escuché un ruido muy fuerte.

-ISAAC NO RONCA ASÍ –pensé.

Me levanté y fui a mirar de dónde venía aquel ruido. Los pasillos estaban muy oscuros, como no tenía linterna, llevaba una vela para alumbrarme. Mis propios pasos retumbaban en el silencio de la noche. Os debo confesar que estaba muerto de miedo y que mi mano temblaba más de lo habitual. Además, creo que me perdí entre tanto pasillo y llegó un momento que no sabía dónde estaba...

De repente... cruzó delante de mi una zorra de cola plateada... me dio tal susto que eché a correr en sentido contrario al de ella. Corrí tan alocadamente que me colé por una ventana y caí de cabeza en una olla de arroz con leche que estaba preparando el hermano cocinero, menos mal que no estaba caliente... Aún se me dispara el corazón cuando lo pienso.

Después de un par de vasos de infusión conseguí calmarme y me contaron, porque con mis gritos habían despertado a todo el monasterio y todos estaban a mi lado, incluido mi amigo Isaac. Que la zorra la había recogido el padre abad un día que paseaba por una ruta natural del bosque cercano al monasterio, se la encontró con una pata rota y muy desnutrida porque había caído en una trampa.

Gracias a los cuidados del padre abad y de las propiedades que tenía el arroz con leche que allí preparaban, la zorra se había recuperado y unos días después de aquello la soltaron en el bosque.

Aquel fin de semana aprendimos muchas cosas en el monasterio con los monjes y luego hemos vuelto más veces. Pero os juro una cosa... susto como el de aquella noche no he pasado en mi vida.

Y colorín colorete con arroz con leche me chupo los dedetes.

LA APRENDIZ DE BRUJA MALVADA 6

Ocurrió una vez, que dos hermanos iban paseando por un bosque, y sin darse cuenta se perdieron. Intentaron buscar el camino de vuelta, pero no tuvieron suerte, porque no lo habían señalado con guijarros ni con migas de pan.

Después de un rato de llanto, a la hermana se le ocurrió que lo mejor era buscar un refugio antes de que se hiciera de noche. Inmediatamente se pusieron a buscar.

Anduvieron durante mucho tiempo sin éxito. El sol se puso y dio paso a una noche de luna nueva, oscura y tenebrosa. La noche impresionaba, empezaron a escuchar sonidos que les hacían temblar de miedo y además sus tripas acompañaban a los sonidos del bosque con la sintonía del hambre. De repente, de entre todos los sonidos destacó un TINTIRINTÍN, que era como el tintineo que hace algo que golpea un cristal.

Siguieron el TINTIRINTÍN hasta que llegaron a un claro del bosque, donde había una casa construida enteramente de golosinas. El tintineo eran unos pirulís que golpeaban las ventanas de caramelo.

Sin pensárselo dos veces, el niño comenzó a comerse una reja de chocolate y la niña una puerta de turrón.

Estaban en ello, cuando apareció delante de ellos una anciana, algo repelente, que estaba muy maquillada, parecía que lo había hecho a conciencia para envejecerse y parecer mayor. Con voz amable los invitó a entrar a la casa y una vez dentro, de forma violenta, les puso en la boca unos pañuelos con cloroformo. Los dos hermanos cayeron al suelo profundamente dormidos.

- MONOVOCÁLICAS: abracadabra (5), preferentemente (6), envejecerse (5), repelente(4), tintirintín (4), pitiminí (4), doloroso (4), cloroformo (4), tuturutú (4)
- PANVOCÁLICA/LARGA: centrifugadlos (14)

Cuando despertaron se encontraban encerrados en una habitación con una reja en la puerta. La anciana ya no estaba y en su lugar había una mujer joven y bien parecida, que en realidad era una aprendiz de bruja malvada.

La bruja cogió al chico y le ordenó que hiciera las tareas del hogar (limpiar, quitar el polvo, cocinar...). Ella se puso a preparar un brebaje para hacer engordar a la chica, porque pretendía comérsela estofada para mantener su juventud.

El niño, aprovechando un descuido de la bruja, le quitó el libro de magia y se lo dio a su hermana y le dijo que buscara algún conjuro para deshacerse de ella, de la bruja, se entiende.

La niña se puso a buscar el conjuro y cuando ya lo había encontrado... ¡Zas!, la bruja la descubrió, le quitó el libro y decidió que iba a deshacerse inmediatamente de los dos hermanos. Como tenía una lavadora mágica decidió meterlos en ella y centrifugadlos para hacerlos tan pequeños como los saltamontes.

Ya había metido al niño, cuando la niña dijo las siguientes palabras mágicas:

«ABRACADABRA y TUTURUTÚ que la bruja se coloque donde estás tú.»

Y por arte de birli birloque, la bruja entró en la lavadora y el niño salió fuera. Rápidamente pusieron la centrifugadora y le dieron tantas vueltas a la bruja que quedó una preciosa bruja de pitiminí del tamaño de un llavero.

Luego, se pusieron a buscar por la casa algo para llevarse con ellos. De entre todas las cosas que allí había, les atrajo, preferentemente, una trompeta que tenía colgado un cartel que decía: «Trompeta transportadora» y un cofre que estaba lleno de monedas de oro.

Cogieron la trompeta, el cofre y a la bruja y al toque de TUTURUTÚ, llegaron volando a su casa, donde fueron recibidos con alegría.

Para celebrarlo hicieron una gran fiesta y a la que también asistió la bruja de pitiminí, eso sí, encerrada en una hermosa jaula de grillos donde aún sigue metida.

Y colorín colorado ¿a qué cuento te ha sonado?

UN E-MAIL *PARA LOS ENANITOS* 7

Existe un país muy lejano, mucho más allá del entendimiento y de la razón, donde viven unos enanitos que se dedican a ayudar a personas, animales o plantas que se encuentran en peligro. Para avisarles sólo hay que mandarles un «EMILIO» a: @@@@@@@ENANITOS.cueva (siete arrobas porque son siete enanitos, como los de Blancanieves).

Nada más recibir el correo se suben en sus alfombras voladoras y acuden más rápido que el viento y que las señales que circulan por el ciberespacio, a donde se les reclama.

Un día tuvieron que ayudar a una abuelita que había perdido sus anteojos y sin ellos no hubiera podido volver a casa, también aprovecharon para arreglarle el *techo* que estaba a punto de caer.

Otro día curaron, con unas caricias y con un «Sana, sanita culito de rana, si no sanas hoy sanarás mañana», a un tigre de Bengala que se había caído desde lo más alto de un árbol y se había roto una pata.

Pero cuando tuvieron más trabajo, fue el día que tuvieron que repoblar todo un bosque que habían quemado dos hermanos malvados. No eran gemelos, pero sus almas eran igual de negras. A pesar de la maldad de los dos hermanos, los enanitos consiguieron apagar el fuego, repoblar el bosque y, además, entregar a los malhechores a la policía.

Una vez que acaban su cometido, vuelven a sus cuevas y allí esperan tranquilamente, leyendo o comiendo hasta que reciben un nuevo aviso.

Y colorín colorado, si necesitas ayuda manda siete @ y los enanitos volarán a tu lado.»

- GEMELAS: **almas, anteojos**
- SANADORAS: **caricias, sana, sanita...**
- INFORMÁTICA: **emilio o *e-mail*, @= arroba**
- DE CUENTO: **alfombra, enanitos**

Gaudencio Buendía 8

Estaba el arquitecto Gaudencio Buendía presentando su proyecto a los *cinco* empresarios constructores que querían construir un rascacielos de 150 plantas con madera tropical.

Gaudencio los intentaba convencer de que era mucho mejor para el planeta y para ellos no utilizar la madera tropical, porque para construir ese edificio tendrían que acabar con toda una selva y no había necesidad de ello. Él les presentaba un proyecto alternativo con energías renovables.

Los *cinco* constructores lo escuchaban como quien escucha un monólogo monótono. De repente, uno de ellos va y le dice:

-Ya hemos escuchado muchas veces esa historia de que la selva es el pulmón de la humanidad, que si estamos destruyendo el planeta, que si patatín, que si patatán. Nosotros vamos a construir ese rascacielos y no nos importa si hay que talar la selva del Amazonas entera. Si usted no lo quiere hacer hay miles de arquitectos que sí querrán.

El arquitecto Gaudencio Buendía se levantó de la mesa enérgicamente, recogió su proyecto y se marchó muy indignado. Estaba tan enfadado que les dijo algo que no tenía sentido: «¡Oé oío e! Eo eo o eaá aí». Lo que le ocurrió es que se había comido las consonantes. Él quiso decir:

-Os he oído, ¡eh! Pero esto no va a quedar así.

Como su conciencia no le permitía que se hiciera aquella salvajada con la naturaleza, se fue a denunciarla a la autoridades pertinentes, a las organizaciones en defensa de la naturaleza y a la población mundial. Dio conferencias, ruedas de prensa, charlas... y ninguna de ellas fue monótona ni aburrida.

- **PANVOCÁLICAS: gaudencio, arquitecto**
- **SENTIMIENTOS: buendía**
- **MONOVOCÁLICAS: monótono, monólogo**
- **CORTA: selva**

Los cinco constructores tuvieron tanta presión social que desistieron de su idea y construyeron su rascacielos de 150 plantas con material que no dañaba el medio ambiente, aprovechando todo tipo de energías renovables. Y curiosamente incluso les dieron un premio medioambiental por aquella iniciativa.

Eso sí, aunque la idea se la había dado Gaudencio Buendía, ellos no lo contrataron, pero a él no le importó porque sentía que había hecho algo justo.

Y colorín colorado, buen día, el arquitecto Gaudencio, nos ha dejado.

- piratas: bucanero, filibustero, corsario, pirata
- onomatopéyicas: quiquiriquí
- monovocálica: vehementemente
- de cuento: luna, flor, novios

¡Al abordaje! 9

Hace mucho tiempo, allá por el siglo XVIII, que dos estados entraron en guerra porque querían dominar el Mediterráneo.

Uno de estos gobiernos contrató los servicios del famoso corsario «Larguirucho», lo llamaban así porque medía más de dos metros; su misión era capturar y apresar el mayor número de barcos posible.

El capitán bucanero «Pie de plomo» y el capitán filibustero «Cara rota» se quisieron aprovechar de aquel conflicto y atacaron a todos los barcos españoles que se les cruzaban.

Así estaban, cuando un día coincidieron en alta mar los tres capitanes. Delante de ellos tenían el barco que llevaba a la hija del gobernador español del Norte de África. La chica aún iba vestida de novia porque se acababa de casar. En el barco llevaba todos los valiosos regalos que le habían hecho y de entre todos destacaba «La flor de los deseos», una joya de oro que tenía más de mil piedras preciosas incrustadas. Aquel era un tesoro codiciado por cualquier pirata que surcara los mares.

«Larguirucho», «Pies de plomo» y «Cara rota», se respetaban mucho y ninguno de los tres se atrevía a dar el primer paso para capturar el barco, para no ofender a los otros. Los tres capitanes se reunieron para llegar a un acuerdo.

Aquella noche brillaba la luna llena en el cielo, cosa que les permitía controlarse los unos a los otros. En la reunión acordaron que con el canto del gallo iniciarían el abordaje y aquel que pisara primero la cubierta del barco español se quedaría con los tesoros y con la chica.

Pero a la mañana siguiente, poco antes de sonar el quiquiriquí del gallo, llegó el barco pirata del capitán «Coleta negra», en silencio abordó el barco, cogió todos los regalos, incluida «la flor de los deseos» y también a la hija del gobernador, por la que días más tarde recibiría una enorme recompensa por su rescate. Y aún le dio tiempo para hundir el barco y escapar sin ser visto.

Unido al quiquiriquí, se escuchó la señal de ataque:

-¡Al abordaje!

Pero vaya corte se llevaron, tanto los corsarios, como los bucaneros y los filibusteros, porque el barco español había desaparecido sin dejar rastro. Aún hoy día, los herederos de aquellos hombres de mar se preguntan qué fue lo que pasó, nosotros no se lo vamos a contar.

Y colorín coloreado, «Coleta Negra» con el botín se ha quedado.

- FRÍA: titiritar.
- INFORMÁTICA: ratón
- RÁPIDAS: vacaciones, recreo
- TERRORÍFICA: sombra

VACACIONES PARA RATONES 10

Había una vez una ratona que había pasado un largo año de estrés, corriendo delante de los gatos, evitando los cepos, andando con sigilo para no quedarse pegada en ningún cartón lleno de pegamento, y abriendo mucho los ojos para no comerse ningún grano de trigo rojo, que son muy perjudiciales para su salud. Pues como os contaba, después de un año así, pensó que se merecía unas vacaciones de lujo. Se fue a la mejor agencia de viajes para ratones y allí pagó ni más ni menos que 100 dientes, 50 muelas y 20 colmillos para poder disfrutar de unas vacaciones relajadas y lejos de cualquier peligro.

A la mañana siguiente se subió al maletero de un autobús de lujo junto al refrigerador de la comida. El viaje se le hizo cortísimo y muy cómodo. Cuando se bajó del autobús descubrió con asombro y admiración que aquel paraje era maravilloso. Era un parador nacional construido en un castillo. A ella la instalaron en un agujero que estaba entre la cocina y la despensa, y que tenía todas las comodidades y lo mejor de todo es que allí prohibían la entrada de animales y sobre todo de gatos.

El resto del día fue genial, no le faltó comida ni bebida y además sin ningún sobresalto. Aquel lugar de recreo era envidiable, aquello sólo se lo podían permitir los ratones de la alta sociedad. Estuvo tan a gusto que aquella noche en lugar de irse a su habitación se acomodó dentro del agujero de un queso de gruyere; de esta manera entre cabezadita y cabezadita daba algún mordisquito. Pues estaba en uno de estos mordiscos, cuando vio acercarse hacia ella una sombra que tenía una luz roja debajo, se le erizaron todos los pelos del cuerpo y no pudo evitar que los dientes le castañearan. El tirititeo alertó a la sombra y ésta cambió de dirección y se dirigió hacía donde estaba el queso. Ella se había confiado tanto que no había preparado la huida y estaba acorralada... Mentalmente se despidió de sus seres más queridos y cuando ya parecía todo perdido... ¡Sorpresa! Un ratón óptico apareció delante de ella. Tras el susto, el ratón le contó que cansado de tanto golpecito en la cabeza y de moverse sobre una mesa, había decidido tomarse unas vacaciones en un lugar donde no hubiera ordenadores y allí no había ni uno.

La ratona disfrutó de aquel paraje y de la compañía de aquel hermoso ratón gris de barriga roja y el ratón se lo pasó en grande charlando y contándole a su amiga todo lo que había aprendido en sus viajes a través del ordenador.

Y colorín colorado, aunque no os lo vayáis a creer, aquellas vacaciones a los ratones se le acabaron.

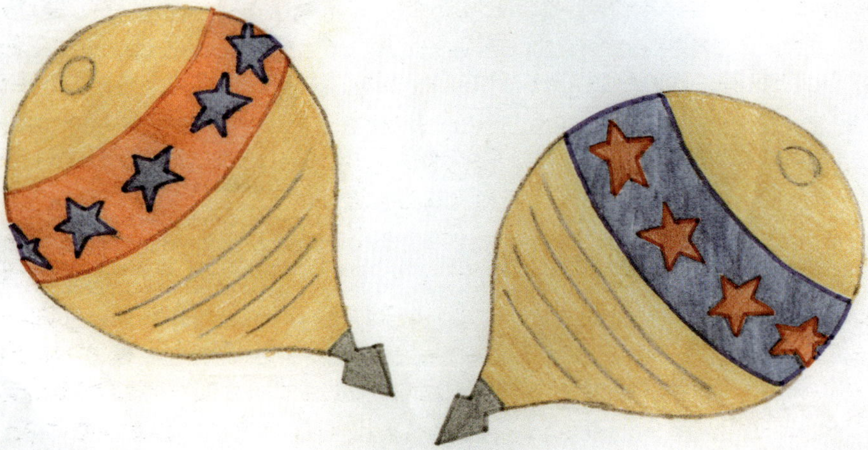

- CURIOSA: metijón
- MONOVOCÁLICAS: ágata, bárbara, santabárbara, excederse.
- RÁPIDA: peonza

Ágata y Bárbara 11

Eran dos hermanas exactamente iguales, como dos gotas de agua, una se llamaba Ágata y la otra Bárbara. Sólo se las podía distinguir porque siempre llevaban colgada al cuello una peonza; Ágata de color azul con estrellas rojas y Bárbara de color rojo con estrellas azules. Eran expertas lanzando las peonzas, pero no sólo contra el suelo sino también por el aire y conseguir que volvieran y bailaran en sus manos, con efecto boomerang...

En la azotea de casa se habían construido una especie de barco y en la santabárbara del barco guardaban sus tesoros y secretos. Además de lanzar las peonzas también les gustaba hacer de detectives privados. Una mañana, entrenando en el parque, escucharon a alguien gritar: ¡Socorro, que me roban las ágatas y los diamantes!

Ellas vieron a una persona correr, la identificaron inmediatamente porque habían visto su fotografía en los periódicos, era el cruel PEPE METIJÓN. Lo que más le atraía a este hombre era meter cizaña entre las bandas más peligrosas del país para que se pelearan y mientras tanto él hacía sus fechorías sin que la policía lo cogiera. Ágata y Bárbara lanzaron sus peonzas sin pensárselo dos veces y volaron... Pero Metijón pudo escapar.

-¡Que no se diga que unas *jiennenses* se rinden a la primera! –dijo Ágata que era muy regionalista.

-¡Por Santa Bárbara y hasta que truene! –gritaron las dos a la vez aquel que era su grito de combate.

Corrieron a su casa y cogieron la bicicleta tándem y pedalearon para buscar al delincuente. No les fue difícil encontrar una pista, porque Metijón se había excedido en su avaricia y uno de los collares de perlas se le había roto y tras él dejó un reguero de perlas que llevó a las dos hermanas hasta el caserón abandonado donde se escondía.

Ellas entraron sin hacer ruido, buscaron y descubrieron que Metijón estaba en el sótano. Bajaron sigilosamente pero... Metijón las descubrió e intentó sacar su pistola del bolsillo, pero no le dio tiempo porque Ágata ya había lanzado su peonza que voló... y le dio justo en el codo, en el hueso que más duele. Metijón soltó el arma y dio un grito tan fuerte que se escuchó hasta en la comisaría de policía. Estaba gritando de dolor cuando Bárbara lanzó su trompo que voló... y fue a darle entre ceja y ceja... Metijón cayó al suelo desmayado.

Poco después llegaba la policía y se lo llevaba. Metijón antes de entrar en el coche celular juró que se vengaría de las dos hermanas.

Y colorín colorado, Ágata y Bárbara, con sus peonzas se fueron sin hacerle caso.

Hubo una vez un rey muy tirano al que sólo le interesaba poseer riquezas. Hacía pagar impuestos muy altos a sus súbditos para gastárselos en caprichos y sobre todo en joyas que guardaba en un gran cofre que tenía junto a su trono para mostrarles a todos su poder.

Como siempre iba cargado de joyas, la gente del pueblo se preguntaba: «O rey o joyero, ¿qué es lo que será en realidad?».

Pero ahí no quedaba la cosa, porque cuando el dinero de los impuestos eran insuficientes para pagarse algún lujo, el rey cortaba árboles indiscriminadamente del bosque milenario que tenía en su reino. Como el rey era tan caprichoso, el bosque era cada vez menos frondoso.

Lo que él no sabía es que en aquel bosque vivían muchos animales mitológicos que estaban preocupados por su futuro. Un día, el centauro y el unicornio se reunieron e idearon un plan para hacer razonar al rey.

Todos los viernes por la tarde, el rey cogía su coche y, sin compañía, se daba un paseo por el bosque para disfrutar de sus dominios. Aquella tarde de viernes fue diferente, porque nada más adentrarse en el bosque todos los animales comenzaron a cantar una especie de cantata, tan bella que por primera vez el rey se enterneció y recuperó la sensibilidad perdida. Al escuchar serenamente aquella melodía descubrió toda la belleza que le rodeaba.

Pero claro, cuando uno va conduciendo no debe despistarse y el rey lo hizo y no le dio tiempo a esquivar algo que no debía estar allí... delante suyo se encontró, de repente y en medio del bosque las murallas de su propio castillo... lo último que escu-

O REY O JOYERO 12

chó fue: ¡Yiiik! ¡Crash!... y acto seguido perdió el conocimiento.

Cuando lo recuperó se encontró rodeado de joyas y cuando miró mejor se dio cuenta de que estaba dentro de su propio joyero y que él había empequeñecido. Pedía auxilio pero nadie lo escuchaba.

Pronto en el reino se corrió la voz de que el rey había desaparecido. Su lugar en el gobierno lo ocupó su primer ministro, un hombre justo y amante de la naturaleza. Lo primero que ordenó fue que dejaran de talar árboles, luego bajó los impuestos hasta que todos pudieran pagarlos sin pasar necesidades. Cada vez que el reino necesitaba dinero, el gobernante abría el cofre y cogía alguna joya para venderla. Cada vez que abría el cofre, el rey gritaba y hacía señas, pero la única respuesta que recibía era una estruendosa carcajada.

Así pasó mucho tiempo, el rey ya se había resignado y había pensado mucho en su comportamiento. Una mañana al despertarse, se encontró sentado de nuevo en su coche y junto a él estaban el centauro y el unicornio. Lo más curioso del caso es que sólo habían pasado unos minutos desde el golpe. El rey soltó una gran carcajada y se marchó de allí, pero no a su castillo sino a un lugar del que nunca más se tuvo noticias de él.

Y colorado colorín el consejero gobernó hasta el FIN.

- **MONOVOCÁLICA/CURATIVA:** carcajada
- **DE CUENTO:** centauro.
- **PALÍNDROMO:** o rey o joyero
- **ONOMATOPEYAS:** ¡yiiik! ¡crash!
- **MONOVOCÁLICA/SONORA:** cantata

Aquel niño trabajaba en una mina de sal. Apenas tenía doce años y ya transportaba cestas de sal de ocho de la mañana a ocho de la tarde.

No iba a la escuela desde hacía ya varios años, pero sabía leer muy bien y le gustaba tanto hacerlo que cualquier minuto que tenía libre lo utilizaba para leer un periódico atrasado, un libro encontrado o cualquier papel que tuviese letras. Decía que leer lo mantenía vivo y de esa manera podía viajar y correr aventuras con la imaginación.

Cuando llegaba a casa cansado, era recibido con besos y abrazos y eso que sus padres habían tenido una vida muy reproductiva, pues aquel niño tenía once hermanos y él era el mayor de todos. Pero aunque parezca mentira y con la de necesidades que pasaba aquella familia, eran felices a su manera y tenían besos para todos.

Una mañana, camino de la mina, el niño se encontró a un anciano ciego, arrodillado junto a su perro guía, lloraba porque el animal estaba agonizando y no sabía qué le pasaba.

El chico se acercó y vio que el perro tenía el morro cuarteado y seco y la cara *violeta*. No dudó ni un minuto, cogió en brazos al animal y corrió con él hasta una fuente que había unas calles más abajo.

Al llegar le dio agua con la palma de la mano y el perro reaccionó tirándose de cabeza a la fuente para beber. Al poco rato le llevó el animal a su dueño y le dijo que tuviera cuidado y que no lo paseara por la mina de sal. Sin despedirse y sin esperar las gracias, el niño salió corriendo hacia la mina. Pero

La mina de sal 13

como llegó tarde no le dieron trabajo ese día. Se sintió muy mal, porque aunque era poco lo que lo pagaban, ese dinero era muy importante en su casa.

Triste se fue a la fuente donde poco antes había llevado al perro, sacó del bolsillo un periódico que se había encontrado en la basura y se sentó a leerlo.

En esto que llegó el anciano, el perro se abalanzó sobre el niño y le lamió la cara en señal de agradecimiento y amistad.

Aquel día cambió la vida de aquel chico, porque el anciano resultó ser un rico acaudalado, que después de conocer la historia del niño, contrató a sus padres y le pago lo suficiente para que ninguno de sus hijos tuviera que trabajar hasta que no tuvieran la edad. Además les concedió a todos una beca para que pudieran estudiar hasta salir de la universidad.

- BIFRONTE: **la mina de sal/la sed animal**
- PANVOCÁLICA: **reproductiva**
- TERRORÍFICA/LENTA: **agonía**
- IMBORRABLE: **amistad**

El niño, el hombre y el perro se hicieron tan amigos, que cuando el anciano murió se lo dejó todo a él.

Hoy día aquel chico trabaja encarecidamente para que dejen de utilizar la mano de obra infantil en el mundo.

Y colorín colorete jugando con animales nos lo pasamos de rechupete.

Gaudencio pasaba más hambre que *Carpanta*. Veía una piedra y la imaginaba con forma de pollo asado, a veces le daba hasta un bocado, algo que perjudicaba mucho su dentadura, de la que faltaban más de un diente por culpa de esas acciones.

Y no es que fuera pobre, ni tampoco porque no tuviera qué comer. Todo era por culpa de sus orejas. Gaudencio tenía una extraña enfermedad, única en el mundo: cuando comía algo sólido le crecían las orejas, pero no un centímetro o dos, le crecían tanto que incluso le llegaban a tapar la boca, todo dependía de la cantidad que comiera. Y no volvían a su tamaño hasta que habían pasado varias horas sin comer nada sólido.

Los alimentos no le faltaban pero todos eran inyectados y claro, no es lo mismo poder masticar algo, sentir como pasa la comida de la mano a la boca y de allí como baja hasta el estómago para mezclarse con los jugos antes de pasar a los intestinos, y sobre todo el placer de sentarte en la taza del váter para poder expulsar los excrementos. Gaudencio no podía sentir nada de eso y por eso soñaba con poder comer de verdad.

Además había otro grave problema, que aquella enfermedad le provocó muchas situaciones de lo más bochornosas en restaurantes, en reuniones familiares o en comidas de empresa. Al final de ellas siempre acababa todo el mundo revolcado por el suelo por la risa y él tenía que salir corriendo avergonzado.

Se hizo tan famoso que su casa siempre estaba rodeada por fotógrafos esperando una instantánea. Lo acosaron tanto que decidió

¡Qué placer poder comer! 14

no salir de casa y levantó un muro muy alto donde sólo unas saeteras en lo más alto de él dejaban pasar los rayos de luz.

La única visita que recibía era la de los encargados de llevarle la alimentación inyectable. También puso una enorme *pancarta* donde puso: «¡Dejadme en paz, por favor!»

Pasó el tiempo y cada vez se sentía más solo. Hasta que un día tuvo la idea de entrenar las orejas para algo útil. Dejó de tomar el alimento inyectable y comenzó a comer alimentos sólidos. Y todos los días hacía ejercicios para mover sus orejas, a la par, por separado o descoordinadamente. Las adiestró tan bien que las podía mover a su voluntad, hasta tal punto que consiguió elevarse del suelo y desplazarse por el aire.

Cuando se sintió seguro de sí mismo y de

- **Monovocálica: pancarta, carpanta**
- **Panvocálica: gaudencio**
- **Callejera: saeteras**
- **Gemela: orejas**
- **Monovocálica/caliente: bochorno, bochornoso**

su destreza, rompió el muro y salió volando de su casa. Había pasado tanto tiempo que ya no había fotógrafos esperándolo, algo que agradeció. Voló lejos y lo contrató un circo donde aún hoy día se pasea por el mundo sin bochorno, enseñándoles a todos sus enormes y magníficas orejas.

Y fue feliz y comió perdiz y a mi me dio con un hueso en la nariz.

Hubo una vez un rey que tenía una sola hija a la que quería más que a su propia vida; la niña también lo quería a él tanto como a su madre. Un día el rey enviudó y, como los reyes no pueden estar mucho tiempo solos, se volvió a casar con una mujer algo bruja, vanidosa y muy envidiosa. La nueva reina se enceló con la princesa porque no soportaba que su marido se desviviera tanto por su hija.

La reina odió tanto a la niña que le hizo la vida imposible y la trataba muy despectivamente, le mandaba constantemente cosas y le ponía motes absurdos: «Dumbita, tráeme eso! ¡Coliflor, haz esto otro!...».

A la princesa le molestaba mucho que no la llamara por su nombre, que además era muy hermoso, Magdalena Dulce de todas las Vírgenes se llamaba. No obstante hacía todo lo que le mandaba la reina sin protestar, aunque de vez en cuando le pedía que la quisiese y que la tratara con cariño, pero mientras más se lo pedía peor se portaba con ella la madrastra.

Por las noches la niña lloraba como una Magdalena, es decir como su propio nombre indicaba, y le pedía en rezos a su madre que la ayudara.

Un día repentina y sospechosamente, el rey enfermó. Acudieron todos los médicos, sabios y curanderos del reino pero ninguno de ellos supo dar con el remedio para su curación. A la reina no pareció afectarle mucho la enfermedad del rey, en cambio la princesa se puso muy triste y no se separó ni un instante de la cama de su padre.

Una noche tuvo un sueño donde una voz le decía que en la cima del Monte Azul había una fuente con agua milagrosa que curaría a su padre. Nada

LA FUENTE DEL MONTE AZUL 15

más despertar, la princesa habló con el capitán de su guardia y le preguntó qué sabía del Monte Azul.

-Majestad, cuentan que es una montaña que está llena de peligros y que espíritus, duendes y monstruos custodian algo secreto pero que nadie sabe de qué se trata, porque todo el que ha intentado subir ha desaparecido misteriosamente.

A la princesa le importaba tanto la vida de su padre que no le preocupaban los peligros que tendría que correr para conseguir el agua de la fuente.

Después de hablar con el capitán, la niña cogió un zurrón y lo llenó de comida, ensilló su caballo, cogió su espada y se marchó sin decir a dónde iba.

Cabalgó todo el día y al caer la tarde llegó al pie de la montaña. Allí se encontró a una anciana un poco andrajosa pero con una cara muy dulce, que le pidió algo de comer. La princesa le dio el zurrón para que se sirviera ella misma y la anciana en lugar de coger un poco de comida se lo comió todo, sin dejar ni una miga de magdalena. La niña no se enfadó, es más, no puso ni mala cara, de buen agrado le dijo a la mujer que se tenía que marchar. Entonces la anciana se metió la mano en el bolsillo y sacó una bellota dorada:

-Por lo bien que te has portado conmigo te voy a dar este rega-

- DE CUENTO: **moraleja**
- TRANSPARENTE: **agua**
- PALÍNDROMO: **ámame, ¡mamá!**
- CELESTIAL: **querubines**
- DULCE: **magdalena**
- MÁGICA: **bellota**

lo, es una bellota mágica. Colócatela bien sujeta en lo alto de la cabeza y te protegerá de todos los peligros. Todo aquel o aquella que quiera hacerte daño desaparecerá de la faz de la Tierra.

La princesa consiguió llegar hasta la fuente sin ningún tropiezo, ya que monstruo o espíritu que se le acercaba desaparecía. La fuente estaba guardada por unos querubines que le dejaron coger el agua necesaria para curar a su padre. Volvió tras sus pasos y le dio de beber a su padre, que nada más hacerlo se curó.

La reina cuando se enteró de la curación milagrosa de su marido, decidió acabar de una vez por todas con la princesa, porque la consideraba una «metomentodo», pero cuando se acercó a ella con tan malas intenciones desapareció porque la chica aún no se había quitado la bellota de la cabeza.

Y este cuento tiene muchas moralejas pero yo no os las voy a decir porque vosotros las vais a descubrir.

Y fueron felices y se colocaron bellotas en las narices.

- **BIFRONTE:** sopas/sapos, ajero/oreja
- **MONOVOCÁLICAS:** fósforo, cachaza
- **SONORA:** pedos

EL AJERO 16

Érase una vez un ajero que iba de pueblo en pueblo vendiendo ajos.

-¡Ajos tiernos! ¡Ajos grandes! ¡Que curan el estrés y relajan el espíritu! –iba pregonando por las calles.

Y era verdad lo que anunciaba, aquellos ajos tenían un poder especial y a todo aquel o aquella que los comía le entraba una paz interior y se olvidaba del estrés, era más cordial, amable, más comunicador... Poco a poco se fue corriendo la voz de la propiedad de aquellos ajos y la vida de los pueblos por los que pasó el ajero cambió, la gente se volvía más cachaza y parsimoniosa, y, aunque parezca increíble, las cosas funcionaban incluso mejor que cuando había tanto estrés y con menos bajas laborales.

Pero un día el Señor de las Prisas se enfadó mucho cuando se enteró de la propiedad de aquellos ajos y decidió hacer algo para recuperar su poder sobre los humanos. Preparó una sopa especial a la que le echó: «verrugas de sapo viudo, orejas de murciélago azul y *fósforo* de luciérnaga». Cuando tuvo preparada la sopa fue al huerto del ajero y regó muy bien todo el terreno.

A partir de aquel día los ajos no solo perdieron su propiedad relajante sino que adquirieron unos efectos secundarios indeseables, porque todo aquel o aquella que los comía y se relajaba, comenzaba a pegarse pedos ruidosos y no paraba hasta que no se ponía a trabajar frenéticamente.

El ajero tuvo que cambiar de profesión y nunca más pudo sembrar nada en aquel terreno.

Y desde entonces así nos va la vida, a todo correr y sin poder parar ni para respirar.

Y colorín colorado ya hemos acabado.

- de cuento/terrorífica: guadaña, aliara
- mágica: eclipse
- sentimientos: celos, envidia
- monovocálica: atarazana

El hermano pequeño de Mateo 17

Había una vez un niño llamado Mateo que era el rey de su casa y él se sentía muy a gusto con aquello, pero cuando cumplió los dos años tuvo un hermano, al que llamaron Bernardo. Los padres siguieron tratando igual a Mateo, pero él no lo creyó así y desde que llegó su hermano a casa sintió muchos celos y siempre estaba haciendo cosas para llamar la atención.

A Mateo le sentaba mal todo lo que hiciese Bernardo. La situación empeoró cuando fueron al colegio porque Bernardo era muy simpático, educado, cariñoso, respetuoso... y a Mateo le mataba la envidia y cada vez que podía le hacía una faena a su hermano.

El tiempo pasó y todo seguía igual. Pero cuando Mateo cumplió los 18 años organizó la mayor trastada de su vida. Ese día iba a ver un eclipse de Luna y Mateo le contó a su hermano que las noches de eclipse ocurrían cosas paranormales. Por la noche fueron al cine a ver una película de miedo, luego decidieron ir paseando hasta casa. Por el camino encontraron una vieja atarazana abandonada.

-¿Entramos para ver si encontramos algo paranormal? –dijo Mateo.

Entraron, todo estaba muy oscuro y ellos sin linternas, encontraron en el suelo una caja de mariposas y un mechero, encendieron unas cuantas y... de repente... delante de ellos apareció la figura de La Muerte montada en su caballo verdoso, los dos hermanos vieron cómo sacaba de la aliara la piedra de afilar y se ponía a afilar la guadaña... ¡Fisss, fisss!

Bernardo echó a correr, Mateo lo siguió, pero con la mala fortuna de caer en un agujero y doblarse el pie... La Muerte seguía afilando la guadaña...

Bernardo en lugar de seguir corriendo se volvió para ayudar a su hermano, encontró una llave de la luz en forma de mariposa, la giró y se encendió una luz amarillenta que daba aún un aspecto más terrorífico al espectro.

Mateo chillaba y se quejaba del dolor. La Muerte seguía afilando la guadaña...

Bernardo encontró una cuerda y con ella sacó a su hermano del agujero. Al salir, Mateo se abrazó a Bernardo, La Muerte se acercó a ellos y resultó ser un amigo de Mateo que se había disfrazado. Todo había sido un montaje para darle un susto a Bernardo.

Pero aquella travesura le sirvió a Mateo para comprender que su hermano no le iba a quitar ningún espacio en el corazón de nadie y desde aquel día se llevaron como auténticos hermanos.

Y colorín colorete, vaya susto que me dio La Muerte.

La capa de ozono 18

Cuentan que al principio la Tierra estaba habitada por unos pequeños seres malignos que se dedicaban a destrozarlo todo. Si alguien plantaba algo, ellos pasaban e ipso facto paralizaban el crecimiento de la planta; también se dedicaban a contaminar el agua y la atmósfera. De haber seguido así, la vida en la Tierra hubiera desaparecido en pocos años.

Pero entonces fue cuando llegó a nuestro planeta un hada y con su varita de luz azul, consiguió expulsar a esos seres malignos de la Tierra. Luego creó una capa protectora, a la que llamó Capa de Ozono, rodeando el Planeta, por la que no podían atravesar aquellos seres. Ella se construyó un castillo en la cima de la montaña más alta de la Tierra para vigilar que todo funcionara correctamente.

Así pasaron los años y los siglos. Pero un día, no se sabe cómo, uno de estos seres consiguió atravesar la capa de ozono, eludir la vigilancia del hada, llegar a su castillo, raptarla, encerrarla en una profunda grieta que había en el cauce de un río seco y luego tirar la varita mágica dentro de un volcán en erupción.

Aquel ser como no sabía la forma de destruir la capa de ozono, se dedicó a lo que sí sabía hacer muy bien, que era contaminar y contaminar. Creó fábricas que vertían productos tóxicos a los ríos, vehículos contaminantes y muchas más cosas que poco a poco fueron haciendo un agujero en la capa de ozono. Agujero que fueron aprovechando otros seres para entrar.

Se teme que pronto todos los seres que fueron expulsados por el hada, además de los hijos y nietos de éstos, invadan la Tierra y acaben con ella.

A no ser que alguien consiga encontrar al hada, o a su varita.

Pero mientras tanto, a lo mejor entre todos y todas podemos hacer algo para evitar que esos seres malignos se salgan con la suya.

Y colorado colorín sin contaminar hasta el FIN.

- MONOVOCÁLICA/ECOLÓGICA: **ozono**
- PALÍNDROMO: **luz azul**
- DE CUENTO: **varita**
- MONOVOCÁLICA: **congostos**
- MONOVOCÁLICA/TERRORÍFICA: **raptada**
- RÁPIDA: **ipso facto**

LA TRAPECISTA
ATRAPASUEÑOS
Y PRESENTAMOS...
¡¡¡¡A LA TRAPECISTA
ATRAPASUEÑOS!!!!

LA TRAPECISTA ATRAPASUEÑOS 19

La mujer del dueño del circo era trapecista. Todos los días hacía que los espectadores soltaran más de un ¡ah! al soltarse del trapecio y un ¡ajajá! de alivio al sujetarse al otro.

Un día cuando iba volando se dio cuenta de que el techo de la carpa estaba lleno de sueños, sueños de los espectadores. Sueños felices, tristes, divertidos, mojados de lágrimas, también los había dolorosos y fantásticos.

Esa noche, después de pensarlo mucho, tuvo una idea: podía atrapar sueños y luego repartirlos entre los espectadores.

Al día siguiente lo puso en practica. Aprovechando un vuelo decidió coger un sueño con la mano, pero por poco si se mata, porque cuando lo cogió le faltó esa mano para agarrarse al trapecio y por poco se cae al vacío.

Después de cenar se sentó en su caravana, y le siguió dando vueltas al asunto y llegó a la conclusión de que lo mejor era atraparlos con la boca y así lo hizo. Eso sí, sólo atrapaba los sueños felices, porque los otros le daban náuseas y vómitos y cuando vas volando a más de treinta metros de altura y sin red, eso es muy peligroso.

Cuando cogía el sueño, procuraba no tragárselo y al bajar del trapecio buscaba a alguien que necesitara un poco de felicidad, se acercaba y con un beso en la mejilla le entregaba el sueño.

Ella se sentía muy bien cada vez que regalaba un sueño.

Pero un día su marido la vio justo cuando le iba a dar un beso a un chico joven y se puso muy enfadado, la cara se le enrojeció, los ojos casi se le salen de las órbitas y se quedó afónico sin emitir palabra.

- MONOVOCÁLICA: **atrapar**
- MÁGICA: **trapecista**
- MONOVOCÁLICA: **caravana**
- SENTIMIENTOS: **sueños**
- MONOVOCÁLICA/ONOMATOPÉYICA: **ajajá**

La mujer en lugar de darle el beso al joven, tranquilamente se acercó a su marido y le entregó el sueño. Al dueño del circo le cambió la cara porque aquel sueño le explicó lo que su mujer regalaba y desde aquel día la quiso aún más.

Y colorín colorado con un beso cargado de sueños hemos acabado.

SP T CE

DE FUTBOLISTA A BAILARÍN* 20

Aquel chico vivía en un barrio humilde, su padre lo estimulaba continuamente para que fuera futbolista, como Pelé o Di Stéfano, arquetipos ideales de buenos futbolistas, le decía. Pero a él no le gustaba, además se le daba bastante mal lo de pegarle al balón.

A él, en cambio le encantaba pasear, leer, dibujar... y sobre todo bailar.

Sin que su padre lo supiera iba a bailar a una lóbrega academia donde la profesora Amalia le enseñaba gratis, ya que era el único chico que iba a su clase de danza.

El padre lo veía muy delgado, así que le daba las vitaminas que le había recetado un farmacéutico amigo suyo y le exigía que se echara la siesta después de comer para que engordara un poco.

Un día, el entrenador del equipo de fútbol le dijo que no volviera más y a él se le cayó el cielo encima pensando en lo que diría su padre.

Aquella misma tarde, aprovechando que una visita había ido a tomar el té a casa, se lo dijo a su padre. El padre enfureció y se marchó a buscar al entrenador. El niño corrió tras él y por el camino le contó la verdad y que realmente lo que le importaba era bailar, lo convenció para que lo acompañara a la academia de baile para que hablara con la profesora Amalia.

Después de unos meses de reflexión, el padre aceptó que su hijo bailara.

Y cuando las cosas se hacen con ilusión y con el alma puesta en ellas se consiguen, aquel chico llegó a ser un gran bailarín reconocido internacionalmente.

Y colorín colorado danzando hemos acabado.

- **CALAMBUR: échate, echa té**
- **PANVOCÁLICA: arquetipo, estimulado**
- **TERRORÍFICA: lóbrego**
- **MUSICAL: bailar**
- **CURATIVA: vitaminas**

---

* *Inspirado en el cuento «Oliver Button es una nena» de Tomie de Paola.*

BARBARRALA 21

Aquel lobo era el terror de la comarca. Barbarrala lo llamaban, porque tenía la cara con muy pocos pelos. Unos contaban que se la había quemado cuando cayó por la chimenea de los tres cerditos, otros que se la afeitó la mamá cabra, hay quien dice que fue Pedro, el de la obra de Prokofiev, que se la arrancó de un tirón para salvar a Caperucita Roja. La verdad es que no se sabe a ciencia cierta qué le pasó, pero lo que todos tenían muy claro es que Barbaraza podría acabar con toda la ganadería de seguir así.

Un día se reunieron los ganaderos y decidieron que no podían desperecer en aquella misión y tenían que solucionarlo en un corto espacio de tiempo. Al acabar la reunión decidieron que lo mejor era vigilar las 24 horas del día, así que hicieron turnos de vigilancia.

Tres personas se colocaron estratégicamente en el frente este, que es por donde más veces había aparecido el lobo; dos por el oeste, dos por el norte y una por el sur.

La vigilancia pareció dar sus frutos y en meses no se le vio el pelo a Barbarrala.

Pero una mañana, en el puesto sur sólo había un niño de ocho años vigilando y vio cómo se acercaba el lobo. Como no podía dejar el puesto de vigilancia, se acercó a la vaca Paca, una vaca tan inteligente como el mejor de los perros ovejeros.

-Paca, ve a buscar al ama para que venga –le dijo el niño.

La vaca paca fue a casa del ama. La mujer, al verla llegar sola, comprendió que algo pasaba en el puesto sur donde estaba su hijo pequeño. Corrió hasta el campanario y tocó las campanas. Enseguida llegaron hombres y mujeres con palos y horcas, después de escuchar la noticia corrieron al puesto sur. Llegaron a tiempo porque Barbarrala ya tenía un ternero entre los dientes, pero no llegó a matarlo porque al ver a tanta gente, lo soltó y echó a correr. Corrió tan ciegamente que cayó en un agujero tan profundo que nunca más se han vuelto a escuchar sus aullidos por allí.

Y colorín colorado por el agujero hemos llegado a otro lado y este cuento se ha acabado.

- MONOVOCÁLICAS: desperecer, lobos, anda la vaca a la casa a llamar al ama, tres en el frente este, barbarrala

El gigante feliz 22

Había una vez un gigante que vivía en la montaña. Era muy bueno, tenía una cara bonachona cubierta por una barba blanca y algodonosa, también tenía una enorme *panza*, que los niños del pueblo utilizaban para saltar sobre ella porque era muy esponjosa y blandita. Siempre tenía buenas palabras para todos, era muy servicial y ayudaba a todo aquel o aquella que lo necesitase.

En aquel pueblo todos vivían felices y en paz. Pero no a todo el mundo le gustaba que reinara la paz y mucho menos teniendo un gigante como protector. Sobre todo a quien menos le gustaba era al mismísimo Satanás, que decidió mandar a uno de sus discípulos para meter cizaña.

Nada más llegar el demonio al pueblo, misteriosamente comenzaron a ocurrir desgracias: animales que aparecían muertos, cosechas destruidas, maquinaria desaparecida... hechos que el demonio se encargaba de atribuir al gigante.

La gente dejó de saludarlo y el alcalde le dijo que no bajara nunca más de la montaña. Como era un buen hombre se fue triste a su casa sin protestar.

Lo que ni el demonio ni los adultos del pueblo pudieron evitar era que los niños subieran a la montaña para ayudar a su amigo. Nada más llegar le contaron que justo antes de empezar los problemas en el pueblo había llegado un extraño hombre que además era el que iba contando que el gigante era el culpable de todas las desgracias.

Por primera vez, el gigante se enfadó, tanto que asustó hasta a los niños. En dos zancadas bajó al pueblo, buscó al hombre, aunque este intentó escapar, lo alcanzó y públicamente lo desnudó, debajo de aquel disfraz se escondía un personaje rojo con cola y cuernos de demonio. El gigante lo agarró del rabo y comenzó a darle vueltas en el aire y cuando lo soltó subió y subió al cielo, luego bajó y bajó, con tanta fuerza que hizo un agujero tan grande en el suelo que llegó hasta el mismísimo infierno.

Todos se disculparon con el gigante y volvieron a ser felices y comieron perdices o narices.

- MONOVOCÁLICA/LENTA : **alcanzada**
- MONOCÁLICA/TERRORÍFICA: **satanás**
- MONOVOCÁLICA: **panza**
- RÁPIDA: **pasilargo**
- SUAVES: **esponjosa, algodonosa**

LA
NEVADA

La nevada 23

Las ¾ partes de aquel pueblo eran mujeres. Ellas ocupaban los puestos de más relevancia pero tenían bien repartidas las tareas para que entre todos y todas hicieran que el pueblo marchara a las mil maravillas. Aunque había algunos hombres que no estaban de acuerdo con que ellas fueran las que gobernaran y se rebelaban cada vez que podían.

Un invierno hubo una gran nevada y el pueblo quedó aislado. Además, aquella oleada de frío los cogió desprevenidos y muchas personas enfermaron.

Mercedes, la alcaldesa, hizo sonar el tambor del Ayuntamiento para reunir al máximo de ciudadanos que no estuvieran en cama o cuidando enfermos.

Al sonido del «tantarantán» sólo acudieron dos mujeres y un hombre, además de la alcaldesa.

-Hay que ir a buscar medicinas para sanar a nuestra gente –les dijo.

Cogieron un tractor, subieron los tres y se marcharon a buscar las medicinas. Por el camino, comenzó a nevar copiosamente, algo que les impedía ver bien. Estaban tan cegados que se salieron de camino y el tractor volcó. Una de las mujeres se partió un brazo, la otra propuso que el hombre se quedara a cuidarla mientras ella iba al hospital. El hombre se negó, aduciendo que él estaba mucho más capacitado que ella para hacer ese trabajo. Ella, dándose cuenta del peligro que corrían no quiso entrar en discusiones y lo dejó marchar. Sin embargo no llegó muy lejos porque unos metros más adelante tropezó y se partió una pierna.

La mujer los abrigó bien y se marchó a buscar ayuda.

El viaje fue muy duro debido a las inclemencias del tiempo, pero al final lo consiguió. Una vez en el hospital consiguió que cargaran un helicóptero con las medicinas y que de camino salvaran a sus dos compañeros de viaje.

Gracias a aquello todos y todas sanaron y desde entonces, nadie ha vuelto a decir que es superior al otro por su condición de ser mujer u hombre.

Y colorín colorado hay hechos que aún hoy día no han evolucionado.

- PANVOCÁLICA: **evolutiva**
- MONOVOCÁLICA/CURATIVA: **sanará**
- MONOVOCÁLICA: **mercedes**
- MONOVOCÁLICA/ONOMATOPÉYICA: **tantarantán**
- MUY LARGA: **mayoritariamente (16)**

Aquel hombre fue a dar con sus huesos al calabozo, él insistía en que era inocente y que las alhajas de la condesa, con la que trabajaba como secretario personal, no las había robado. Insistía contando que ella se las había dado para que las guardara, porque temía que alguien se las robara. Nadie lo creyó y a la condesa no le pudieron preguntar porque había muerto repentinamente. Quien lo denunció fue el sobrino de la condesa, único familiar vivo y heredero de toda su fortuna. El secretario cayó en una profunda melancolía que ni el bufón que compartía celda con él, fue capaz de animar.

Una mañana, que tenía asentadas sus posaderas en el *retrete* de la cárcel, a aquel hombre le vino una idea a la cabeza. Se la contó a su compañero y éste encantado decidió ayudarlo porque no podía soportar a un compañero tan aburrido como aquél.

Los dos le propusieron al director organizar una fiesta de carnaval para subir la moral de los reclusos. Al director le pareció una buena idea, además de esa forma aprovecharía para quedar bien con los altos organismos del estado a los que pensaba invitar. Por supuesto que también invitaron a la fiesta el sobrino de la condesa, que curiosamente llevaba un disfraz calcado al del ayudante del bufón organizador de la misma.

Como fin de fiesta, el bufón y su ayudante, que no era otro que el secretario, hicieron unos números de magia, y el último de ellos fue hacer desaparecer al ayudante delante de los ojos de todos los presentes.

EL SECRETARIO DE LA CONDESA 24

Cuando terminó la fiesta, se despidieron y los guardias hicieron el recuento de los presos y como no les faltaba ninguno no se dieron cuenta del cambiazo.

Esa noche el bufón no paró de reírse porque su compañero de celda estuvo todo el tiempo gritando pidiendo que lo sacaran de allí, claro que nadie le hizo caso aunque él insistiera en que era el conde.

Mientras tanto, el secretario fugado entraba en casa de la condesa, porque aún conservaba un juego de llaves, subía hasta su despacho, abría la caja fuerte y allí encontró el testamento y las suficientes pruebas como para demostrar que él era inocente y que el sobrino de la condesa no sólo no era el beneficiario del testamento, sino que además había matado a su tía para quedarse con todas su pertenencias.

- MONOVOCÁLICA: **retrete, alhaja**
- TERRORÍFICA: **muerte**
- SENTIMIENTO: **melancolía**
- SUAVE: **posaderas**
- FRÍA: **calabozo**

Al sobrino de la condesa no lo tuvieron que encerrar porque ya estaba dentro de la cárcel. Y el bufón salió en libertad porque alguien pagó la fianza. ¿Sabéis quien fue?... efectivamente el secretario de la condesa, único y verdadero heredero de su herencia.

Y colorín colorete el conde lloraba sentado en el *retrete*.

- monovocálica: salamandra, patata, batata
- de cuento: dragón
- transparente: cristalina

El huevo de la dragona 25

Había una vez un lago de agua cristalina donde la gente iba a bañarse con total tranquilidad. Se podía ver el fondo lleno de piedras, algas, peces y moluscos que nadaban junto a la gente que se bañaba.

El lago estaba rodeado de huertas. Un día pasó volando por allí, una dragona a la que se le cayó el huevo que llevaba para colocar en un nido nuevo que se había construido. El huevo cayó en medio de un sembrado de patatas y batatas.

La dragona no se dio cuenta de la desaparición hasta que llegó a su nido. Volvió a buscarlo y al no encontrarlo se enfadó y destruyó el poblado y la gente tuvo que emigrar a otro lugar.

Sólo quedó el hombre que vivía en la cueva de la montaña.

Una mañana, el hombre bajó a recoger unas patatas, encontró el enorme huevo y se lo llevó a su cueva, encendió una fogata para calentarlo y a las pocas horas el huevo se abrió

De dentro salió algo parecido a una enorme salamandra pero con alas y plumas. El hombre no sabía qué animal era aquél pero lo cuidó como si fuera su hijo.

Todos los días le llevaba al lago a bañarse y le enseñó a pescar. El tiempo pasó, el animal creció, dejó de ser una salamandra y se convirtió en un hermoso dragón.

La gente volvió al pueblo y lo restauró, pero desconocía la existencia del dragón y el hombre de la montaña lo escondió muy bien para que no le hicieran daño.

Pero un domingo el dragón salió de la cueva y fue bañarse. Poco después, la gente del pueblo llegó al lago para disfrutar del día de fiesta... De repente vieron salir al animal del agua... en un primer momento huyeron despavoridos, pero después volvieron con armas dispuestos a matarlo. Menos mal que en ese preciso momento apareció la dragona que había perdido el huevo y al ver allí al dragón lo reconoció y lo llamó. El pequeño animal la reconoció y salió volando y los dos desaparecieron en el cielo.

El hombre de la montaña lo despidió con lágrimas en los ojos pero contento porque sabía que con su madre iba a ser mucho más feliz que allí.

Y colorín colorete volando se marchó como un cohete.

*El espejo del diablo** 26

Ocurrió una vez que el mismísimo diablo construyó con sus manos un objeto excepcional y único con el que quiso hacer infeliz a todos los humanos. Aquel objeto era una especie de espejo en que de todo lo que se reflejaba en él sólo mostraba su parte negativa y borraba lo bueno y positivo que tenía.

El diablo no llegó a utilizarlo porque un ángel lo descubrió y al ir a arrebatárselo se rompió en billones, con b, de partículas que llovieron por el espacio y muchas entraron en la Tierra. Lo peor fue que cada partícula conservaba las mismas propiedades que el objeto completo.

Una de aquellas partículas cayó en un lugar muy exótico y paradisíaco, se volvió un lugar desértico y muerto.

A los animales que les caía una de ellas se volvían agresivos y violentos.

Algunas le cayeron a algunos gobernantes y provocaron guerras y conflictos tanto en sus países como en otros.

Pues una de aquellas partículas se le clavó a un niño en el corazón y se volvió fantasmagórico, huraño, maleducado, grosero y agresivo, algo que nunca le había pasado. Sus padres se entristecieron pero a aquel niño no le importó lo más absoluto. Pero ese chico tenía una amiga que lo quería mucho y cada vez que se le acercaba la despreciaba. Un día ella se le abrazó llorando y le preguntó por qué había cambiado tanto. Él no le contestó, pero misteriosamente una de las lágrimas, que estaba cargada de amor y amistad, llegó al corazón del chico y hizo que la partícula se desprendiera y le provocó un ataque de tos por donde la expulsó al exterior.

El niño se recuperó y no recordaba nada de lo que le había pasado.

Aquellos niños crecieron e investigaron sobre el extraño suceso y descubrieron un antídoto para curar a las personas, animales o plantas que tenían aquellas partículas diabólicas, unos algodones cargadas con lágrimas de afecto, amor y amistad.

Lo que ocurre es que hay muchas personas que no los creen y no dejan que los froten con los algodones, esperemos que alguien los convenza.

Y colorete colorín ya hemos llegado al FIN.

- VIAJERA: exótico
- ÚNICA: excepcional
- TERRORÍFICA: fantasmagórico
- SUAVE/CURATIVA: algodón
- CALIENTE/SENTIMIENTOS: corazón

**Basado en un fragmento del cuento «La reina de las nieves» de Hans C. Andersen.*

Ocurrió una vez que mis padres me dijeron que tenía que ir con ellos a un concierto. A mí no me apetecía mucho y menos ir solo con ellos, así que invité a una amiga.

Era otoño, hacía frío y el cielo estaba cargado de nubes, mi amiga se hizo la *remolona* y nos entretuvimos todo lo que pudimos, intentando que se pasara la hora.

-No seáis haraganes y vámonos ya -nos repitieron muchas veces.

No tuvimos más remedio que ir. Las entradas nos las dieron separadas. En lugar de sentarnos decidimos investigar por el teatro antes del comienzo del concierto.

No sé cómo lo hicimos pero llegamos hasta el pasillo de los camerinos de los músicos. Había mucho ajetreo y nadie reparó en nosotros, pero de repente salió una mujer gritando:

-¡Me han robado mi Stradivarius!

Resultó ser la solista de la orquesta y el Stradivarius era un violín de incalculable valor.

Nosotros nos miramos y pensamos que no era el mejor momento para estar allí. Intentamos escabullirnos pero un vigilante nos atrapó.

-Nos hemos perdido –le dijimos.

Nos llevaron a la sala de seguridad y llamaron a mis padres. Se aclaró el asunto y nos dejaron sentarnos. La solista tocó con otro violín y no fue su mejor noche. Yo no le quité ojo ni a ella ni al resto de la orquesta. Antes del intermedio descubrí una sonrisa sospechosa en una de las violonchelistas.

El stradivarius 27

Aproveché el descanso para ir a los camerinos, le dije a mi amiga que vigilara. Me equivoqué y en lugar de ir a los camerinos llegué al *vestuario* del personal del teatro.

Y no os lo vais a creer, allí encontré un maletín de violín debajo de una de las taquillas. Mi sorpresa fue aún mayor cuando al volverme tenía delante mía otra vez al guardia de seguridad de antes. Por poco si me desmayo del susto.

-En mal lío te has metido –me dijo.

En eso se abrió la puerta, él se volvió, yo le di con una banqueta en la cabeza y el guardia cayó al suelo desvanecido. Avisamos a seguridad y cogieron a los culpables.

Como recompensa nos dieron un abono para toda la programación del año del teatro para mi familia y para la de mi amiga.

- **PANVOCÁLICA: vestuario**
- **MUSICAL/SENTIMIENTOS: sinfonía**
- **MONOVOCÁLICA: haragán, haragana, otoño**
- **CURATIVA/DULCE: sonrisa**

Nos hemos aficionado tanto que ya no nos hacemos los haraganes a la hora de ir. ¡Ah!, se me olvidaba, además del abono también nos dejan pasearnos por todos los rincones del teatro y hemos descubierto cosas muy interesantes que ya os contaré otro día.

Y colorín colorado con la música nos vamos a otro lado.

- PANVOCÁLICA: Orihuela, lloriquear
- PALÍNDROMO: amo la paloma
- MONOVOCÁLICA: arrancar, alcazaba, trabajaban

UNA LÁMPARA NO TAN MARAVILLOSA

28

Aquellos chicos decidieron pasar las vacaciones trabajando en las excavaciones de la Alcazaba de *Orihuela*.

Después de varios días de limpiar el terreno con pinceles y escobillas, uno de ellos encontró una lámpara de aceite, antes de avisar al encargado, que por cierto era bastante antipático, decidió probar suerte y frotó la lámpara. Aunque parezca de cuento, de la lámpara salió un genio, además de los más típicos, calvo con trenza, grande y sin piernas. Lo que lo diferenciaba de otros genios conocidos es que éste salió lloriqueando.

-Lo siento pero no puedo concederle ningún deseo –fue lo primero que dijo.

En esto que llegó el encargado y sin mediar palabra le arrancó la lámpara al chico de las manos. El genio al ver que su amo estaba siendo maltratado transformó al encargado en un palomo. Al chico le dio un ataque de risa.

Entonces, el genio le contó que había sido condenado a vivir dentro de la lámpara porque no se había portado bien en otra vida anterior. También le contó que el castigo se acabaría si algún humano lo liberaba sin pedirle ningún deseo.

El chico se compadeció del genio y lo liberó gratuitamente.

El genio se puso tan contento que explotó de alegría y el cielo se llenó de fuegos artificiales.

Antes de marcharse, el genio le preguntó qué hacía con el encargado.

-Vuélvelo a convertir en humano.

Y así lo hizo.

Desde aquel día el encargado se comportó como una seda, eso sí no paraba de hacer ruidos raros y se rascaba con los codos como si fuera una paloma.

Los chicos se lo pasaron muy bien y aprendieron mucho.

Y colorín colorete por la chimenea sale un cohete.

Había una vez una enfermera que todos los años pedía trabajar en el hospital, tanto la noche de Nochebuena como la de Fin de Año y la de Reyes. Le gustaba organizar fiestas para que los ingresados en esas fechas se sintieran un poco mejor.

Pero aquel año fue diferente. Había habido una guerra en aquel país y el hospital estaba abarrotado de enfermos y tanto la enfermera como todos sus compañeros trabajaban de día y de noche. Ese año a la enfermera se le olvidó incluso que era Navidad.

Pero el día antes de la noche de Reyes, estaba curando a un niño y éste no paraba de llorar, le preguntó si le dolía mucho, pero para su sorpresa el niño le dijo que lloraba porque al día siguiente iban a llegar los Reyes Magos y que no le iban a dejar nada porque él no iba a estar en su casa.

La enfermera se puso triste porque se había olvidado de aquellas fiestas, pero rápidamente celebró una reunión con todos sus compañeros para que por lo menos el hospital estuviera decorado. Aunque no tenían nada para regalarles a los niños, esperaban con toda la ilusión más infantil que ese año pasaran por allí los Reyes Magos.

Pero para colmo de males, ese año los camellos de los Reyes enfermaron y sus majestades pensaron que no podrían repartir los regalos, por eso anunciaron en el mundo que probablemente tendrían que cambiar la fecha de reparto. Esto provocó un gran revuelo y malestar.

Los problemas de los Reyes Magos 29

El juguetero de los Reyes Magos tuvo una genial idea, construyó un tándem para que los Reyes fueran pedaleando de casa en casa. Pero sus majestades no estaban acostumbrados a pedalear y además con esas capas tan largas estaban más tiempo en el suelo que sobre la bicicleta. Entonces fue cuando recibieron un paquete de la enfermera del hospital con unas hojas de *altabaca* y otras de atarraga, prepararon una infusión con aquellas y se la dieron a los camellos, que se recuperaron al instante.

Gracias a aquella infusión los Reyes Magos pudieron repartir sus juguetes y por supuesto que en el hospital no le faltó regalos ni a pequeños ni a grandes. Y en el hospital organizaron una fiesta para celebrarlo.

- **Monovocálicas: altabaca, atarraga**
- **Celestial: bienaventurados**
- **De cuento/mágica: Reyes Magos**
- **Dulce: Nochebuena**
- **Gemela: tándem**
- **Curativa: enfermera**
- **Suave: gamuza**

Aquella bienaventurada enfermera luchó por hacer el bien y llevar la felicidad durante unas horas a muchos enfermos y lo consiguió.

Pero por desgracia la guerra continuó al día siguiente, y al otro y al otro también.

Y colorín colorado espero que cuando este cuento haya terminado todas las guerras hayan acabado.

Las *respuestas* a las palabras misteriosas las encontraréis dentro del cuento de la página que se indica al final del enunciado del enigma.

1.
-Palabra panvocálica.
-Es un pequeño pueblo de Alicante.
-Allí nació un poeta de la generación del 36.

____

Solución dentro del cuento de la página 69.

2.
-Palabra panvocálica.
-Lugar donde entran tanto los jugadores como el árbitro.
-A veces hay ropa y otras no.

____

Solución dentro del cuento de la página 67.

3.
-Parte alta de una habitación.
-Un personaje de TBO los rompía.
-Y la tenemos si nos comemos una letra en un trecho de camino.

____

Solución dentro del cuento de la página 21.

4.
-Tiene menos de diez letras.
-Es un color y una flor.
-Y si le añades una «N» se convierte en agresiva.

____

Solución dentro del cuento de la página 38.

5.

-«Qué número tiene el mismo número de letras que el número que expresa.»

Solución dentro del cuento de la página 29.

6.

-Tiene tres ENES.

-Es un gentilicio de Andalucía (que es como se denominan a las personas de un país, pueblo o ciudad) que tiene dos ENES seguidas en su nombre.

Solución dentro del cuento de la página 35.

7.

-Es una palabra monovocálica que tiene tres aes.

-Sirve para anunciar, denunciar o manifestar algo públicamente.

-Combinando sus letras da el nombre de un personaje de TBO que pasaba mucha hambre (pedir ayuda a padres o abuelos).

Solución dentro del cuento de la página 41.

8.

-Es una palabra monovocálica con tres OES.

-Tiene nombres mixtos.

-Se puede sujetar con cera, madera o cartón.

-Es imprescindible en la barbacoa.

Solución dentro del cuento de la página 45.

9.
-Es una palabra monovocálica con cuatro Aes.
-Soy una planta más alta que una baca de coche.
-En una adivinanza de Jimena de la Frontera (Cádiz) aparezco.

Solución dentro del cuento de la página 71.

10.
-Mujer que no le hace caso al despertador.
-Anagramando, es decir, mezclando, las palabras LEÓN y ROMA nos sale.

Solución dentro del cuento de la página 66.

11.
-Es una palabra monovocálica de dos aes.
-A los tragaldabas no les falta.
-Como apellido cabalgó por toda La Mancha.

Solución dentro del cuento de la página 57.

12.
-Es una palabra monovocálica con tres ees.
-Parte de una casa que utilizan tanto ricos como pobres.
-Es una palabra de 7 letras que sólo utiliza 3 letras diferentes.

Solución dentro del cuento de la página 60.

VOCABULARIO V

ABAD: Superior de un monasterio con facultad de conferir órdenes menores a sus monjes.

ABORDAJE: Acción de abordar dos embarcaciones: entrar, saltar, tomar, al abordaje, pasando la gente del buque abordador al abordado para apresarlo.

AJERO: Persona que tiene por oficio vender ajos.

ALCAZABA: Recinto fortificado dentro de una población murada.

ALHAJA: Joya (adorno). Adorno o mueble precioso. Cosa de mucho valor y estima. Persona o animal de excelentes cualidades.

ALIARA: Recipiente hecho con un cuenco bovino, de madera, etc., donde el segador lleva la piedra para afilar la guadaña.

ALTABACA: Olivarda. Planta compuesta, leñosa, con las hojas cubiertas de pelillos glandulosos que segregan una especie de resina (*Inula viscosa*).

ARQUETIPO: Tipo supremo, prototipo ideal de las cosas.

ATARAZANA: Establecimiento en que se construyen, reparan y conservan embarcaciones.

ATARRAGA: Olivarda. Planta compuesta, leñosa, con las hojas cubiertas de pelillos glandulosos que segregan una especie de resina (*Inula viscosa*).

CACHAZA: Lentitud, sosiego; flema.

CAJA DE PANDORA: Pandora fue la primera mujer sobre la tierra según la mitología griega. Pandora tenía todos los atributos de belleza y bondad que le había entregado el dios Zeus. Cuando ésta se casó, los dioses le regalaron una caja, pero le advirtieron que bajo ningún concepto la podía abrir. La curiosidad de Pandora fue tanta que no se pudo resistir y la abrió, de ella brotaron todos los males para el cuerpo y el tormento para la mente humana. Ella aterrorizada la cerró, pero dentro sólo quedó la esperanza, que era lo único bueno entre los males que tenía la caja. Por eso esta expresión se utiliza en sentido negativo.

CENTAURO: Monstruo fabuloso, mitad hombre y mitad caballo.

CONGOSTO: Forma orográfica producida por la erosión de los ríos o por movimientos tectónicos, angosta, profunda y de paredes abruptas.

ECLIPSE: Ocultación transitoria, total o parcial, de un astro debida a la interposición de otro astro o al paso del primero por la sombra proyectada por otro.

EVOLUTIVA: Acción de desarrollarse o de transformarse las cosas pasando gradualmente de un estado a otro.

FRAGUA: Fogón, provisto de fuelle u otro aparato análogo, en que se calientan los metales para forjarlos.

GAMUZA: Rumiante bóvido del tamaño de una cabra grande, con cuernos negros, lisos y derechos, terminados a manera de anzuelo (*Rupicapra pyrenaica*). Tejido de lana que imita la piel de gamuza.

GUADAÑA: Instrumento para segar a ras de tierra.

HARAGÁN: Persona holgazana, vagabunda y ociosa.

IPSO FACTO: En ese mismo momento, inmediatamente.

LÓBREGO: Oscuro, tenebroso.

MELANCOLÍA: Tristeza vaga, profunda y permanente.

METACARPIANO: Relativo al metacarpo: huesos metacarpianos. Parte de la mano comprendida entre el carpo y los dedos.

METIJÓN: Persona entrometida, que se mete donde no lo llaman y le gusta meter cizaña.

OZONO: Gas muy oxidante, de color azulado y olor a marisco, que es un estado alotrópico del oxígeno producido por la electricidad, y se encuentra en pequeñas proporciones en la atmósfera después de las tempestades.

PASILARGO: Que tiene largo el paso.

PEONZA: Juguete de madera, semejante al peón, que se hace bailar azotándolo con un látigo. Peón, trompo.

PITIMINÍ: Variedad de rosal de tallos trepadores y flores pequeñas.

POSADERAS: Nalgas.

QUERUBINES: Ángeles caracterizados por la plenitud de ciencia con que contempla la belleza divina. Forman el segundo coro de la suprema jerarquía angélica.

SAETERA: Aspillera para disparar saetas. Ventanilla estrecha.

SANTABÁRBARA: Pañol destinado en las embarcaciones para custodiar la pólvora y municiones. Cámara por donde se comunica a este pañol.

TÁNDEM: Bicicleta para dos personas.

NO ES LO MISMO:

BUCANERO: Actuaban por su cuenta contra los barcos españoles.

FILIBUSTEROS: Lo mismo que los bucaneros.

CORSARIOS: Perseguían y capturaban barcos mercantes de un gobierno que estaba en guerra con el gobierno que los contrataba. Estos tres tipos eran sobre todo, ingleses, holandeses y españoles.

PIRATAS: Estos asaltaban y saqueaban a cualquier barco que se cruzara en su camino y no les importaba la bandera que llevaran, normalmente la tripulación estaba formada por proscritos fuera de la ley.

© Ilustraciones VI

Agradecer al Colegio Santa Joaquina de Vedruna por su participación en este proyecto y en su nombre a los profesores de Educación Plástica Mª del Mar y Alberto, por su colaboración desinteresada en la motivación y asesoramiento que han ejercido sobre sus alumnos y alumnas para la elaboración de las ilustraciones de los cuentos. Muy especialmente a los alumnos y alumnas de 5º y 6º de E. P. y 1º, 2º y 3º de la E.S.O. y 2º de Bachillerato: José Antonio, Conchita, Maribel, Blanca, Carmen, Patricia, Marta, Miriam, Alejandra, Tamara, Javier, Paloma, Ana, Miguel, Laura, Paula, Ángela, Pablo, Elena, Jesús, Irene, Mª de la Almudena, Pedro, Lucía e Iván.

Las ilustraciones que aparecen en cada cuento han sido realizados por:

VISITA NOCTURNA A LA NECRÓPOLIS ROMANA ©Miguel Ángel; EL METEORITO ©Javier; LORENZO «EL RESPLANDECIENTE» ©Antonio; EL NIÑO MENTIROSO ©Paloma; FIN DE SEMANA EN UN MONASTERIO ©Antonio; LA APRENDIZ A BRUJA MALVADA ©Claudia; UN E-MAIL PARA LOS ENANITOS ©Kirsa; GAUDENCIO BUENDÍA ©Javier; ¡AL ABORDAJE! ©Miguel Ángel; VACACIONES PARA RATONES ©Marina; ÁGATA y BÁRBARA ©Irene; O REY O JOYERO ©Carmen María; LA MINA DE SAL ©María; ¡QUÉ PLACER PODER COMER! ©Patricia; LA FUENTE DEL MONTE AZUL ©Fco. Javier; EL AJERO ©Marta; EL HERMANO PEQUEÑO DE MATEO ©Iván; LA CAPA DE OZONO ©Patricia; LA TRAPECISTA «ATRAPASUEÑOS» ©María; DE FUTBOLISTA A BAILARÍN ©Miriam; BARBARALA ©Miriam; EL GIGANTE FELIZ ©Andrés; LA NEVADA ©Lucía; EL SECRETARIO DE LA CONDESA ©Miriam; EL HUEVO DE LA DRAGONA ©Alejandra; EL ESPEJO DEL DIABLO ©Paloma; EL STRADIVARIUS ©Claudia; UNA LÁMPARA NO TAN MARAVILLOSA ©Kirsa; LOS PROBLEMAS DE LOS REYES MAGOS ©Ana.

Cuentos del coleccionista de palabras

ÍNDICE